Irmgard Lucht

La chenille en danger ?

À tous ceux
qui sont en chemin

Irmgard Lucht

La chenille en danger ?

traduit de l'allemand par Pierre Bertrand

ARCHIMÈDE
l'école des loisirs
11, rue de Sèvres, Paris 6e

C’est l’été. Le soleil brille, l’air est chaud, les oiseaux chantent. Même la forêt est pleine de lumière. L’ombre des arbres dessine des motifs sur la route, où il passe beaucoup de monde. Tous ceux qui sont en chemin veulent atteindre un but. Pour certains, ce but est encore loin. Pour d’autres, il est tout proche.

Celui qui veut traverser la route atteindra vite sa destination, s'il a deux ou quatre jambes, ou s'il sait voler, comme l'oiseau en haut de l'image. Mais pour celui qui ne possède que quatorze minuscules pattes, la courte distance d'un côté à l'autre de la route est un très long chemin…

Au bord de la route, dans les cailloux, il y a une chenille. Qu'elle est belle, dans son habit vert rayé de noir et tacheté de rouge ! La petite chenille a faim. Elle a dévoré le plant de carotte sauvage sur lequel elle est née, mais la faim ne s'apaise pas facilement. Or la petite chenille n'aime ni l'herbe ni le trèfle.

Elle est la chenille d'un papillon appelé machaon, ou grand porte-queue, et elle ne se nourrit que de feuilles de carotte sauvage. Elle a beau chercher, il n'y en a pas par ici. Peut-être de l'autre côté, tout là-bas, où il fait si clair ? Elle connaît bien les taches blanches qu'elle aperçoit dans la verdure.

Des taches blanches dans la verdure…
pour la petite chenille, c'est un signal…

Les fleurs blanches ont des tiges, les tiges ont des feuilles, et les feuilles, c'est de la nourriture juteuse. De la nourriture pour chenille de grand porte-queue !

Il faut y aller, à tout prix, quelle que soit la distance…

La petite chenille se met en route.

Soudain, le ciel s'assombrit… l'air tremble… une chose énorme passe à toute vitesse… *ssssst*… et disparaît.

Pendant quelques instants, tout est calme. Puis encore… *sssssssst*… la pénombre… le bruit… la chose énorme… puis plus rien. Chaque fois, la petite chenille se raidit de peur.

21

Mais elle continue d'avancer, plus loin, toujours plus loin.

Le sol tremble à nouveau et un vrombissement remplit l'air… s'amplifie… se rapproche… plus fort… plus près… *sssssssssssssst*… et s'éloigne.

La petite chenille a failli se faire écraser. Elle risque la mort. Mais elle ne le sait pas.

Là où se rend la chenille, aucun véhicule ne roule ; l'endroit est vert et plein de plantes, un peu comme dans la jungle. Elle y sera en sûreté. Mais ici, sur la route, tout est étrange, et la petite chenille est en danger. Malgré tout, elle continue d'avancer.

Les taches blanches sont toujours en vue, et la faim toujours plus forte.

Mais voici qu'une drôle de montagne lui barre la route. La petite chenille tente de passer par-dessus mais – poum ! – elle retombe par terre. Elle essaie encore et encore, mais chaque fois elle glisse. Enfin, elle trouve la solution : il suffit de faire le tour.

Zzzz... Zzzz... ! Deux guêpes arrivent en bourdonnant. Cela sent bon, par ici. Si c'était à manger ? Mais qu'est-ce que c'est que cette chose verte qui rampe, avec des rayures noires et des points rouges ?

« Hé, toi ! Quelle sorte de ver es-tu donc ? Pourquoi te traînes-tu comme ça ? N'as-tu pas d'ailes comme nous ?

– Pas encore, mais patience ! Ça va venir.

– Un ver volant ? Ça n'existe pas !

– Attendez et vous verrez. »

Les guêpes se désintéressent de la petite chenille et recommencent à chercher leur nourriture de guêpe, tandis que la petite chenille se remet en route vers sa nourriture de chenille.

La chenille poursuit son petit bonhomme de chemin, comme tirée par un fil invisible. Elle ne regarde pas autour d'elle, elle ne s'arrête pas. Mais elle continue d'avancer, plus loin, toujours plus loin.

Sous ses petites pattes, le sol rugueux change et devient beaucoup plus lisse. Dans le soleil, il brille d'un éclat blanc, aussi blanc que les fleurs de la carotte sauvage. La petite chenille est arrivée au milieu de la route.

Quel est cet être minuscule qui vient à sa rencontre ? À côté de la fourmi, la chenille se sent grande et forte.

Le soleil et les taches blanches dans la verdure disparaissent à nouveau. Encore une fois passe un dangereux géant. Si proche… si sombre… si bruyant! Le courant d'air balaie presque la petite chenille, tandis que le sol tremble sous elle.

La petite chenille ne comprend pas ce qui se passe. Une seule certitude : danger ! Elle ne peut ni se défendre, ni s'enfuir, ni se cacher – il n'y a aucun abri. De peur, elle rentre la tête. Mais elle continue d'avancer, plus loin, toujours plus loin.

Frrrout… toc !

Quelque chose se pose sur la route : pattes jaunes, plumes noires, bec grand ouvert !

À la vitesse de l'éclair, la petite chenille dresse l'avant de son corps : contre cet ennemi, elle peut se défendre. Elle possède une arme de chenille de grand porte-queue, qu'elle ne montre que lorsqu'elle est attaquée : deux petites cornes rouges derrière sa tête, qui émettent une odeur désagréable. Le merle comprend qu'il s'est trompé : les chenilles colorées comme celle-ci ne sont pas comestibles, elles ont un goût abominable !

Hiii… il s'en est fallu d'un cheveu ! Une fois encore, un géant rapide comme l'éclair frôle la petite chenille qui se raidit de peur. Mais, une fois encore, la chance lui sourit. Le vrombissement décroît. Quelque part, un coucou appelle. L'odeur nauséabonde du géant plane encore dans l'air.

La petite chenille est si perturbée par l'odeur qu'elle se trompe de direction et fait un détour. Heureusement, elle aperçoit la verdure. Elle fait encore deux pas de chenille…

… puis deux autres pas…
et la voilà arrivée !

La petite chenille a atteint son but: elle a trouvé des plants de carotte sauvage, aux bonnes feuilles juteuses. Elle mange et mange sans s'arrêter, toutes ses peurs oubliées.

Le soleil est chaud, le pré plein de bonnes odeurs, et le seul vrombissement qu'elle entend est celui du gros bourdon qui vole tranquillement de fleur en fleur. Pas de quoi interrompre un repas. Mais même les chenilles finissent par se rassasier, au point que rien ne peut plus pénétrer dans leur ventre rond.

Notre petite chenille n'a plus faim, la feuille la plus tendre n'a plus d'attrait pour elle. Elle s'agite, elle erre çà et là, comme si elle cherchait quelque chose. C'est alors que commence pour elle une nouvelle aventure, bien différente de la première...

Arrivée en lieu sûr, elle s'endort. Afin de ne pas tomber pendant son sommeil, elle s'est solidement arrimée à la plante à l'aide de fils de soie qu'elle a filés.

Bientôt, la petite chenille recommence à s'agiter. Elle tressaille et gigote, jusqu'à ce que, soudain, la peau de son dos s'ouvre, comme si on avait tiré une fermeture Éclair invisible.

Quelle est cette chose qui apparaît ? Ni une chenille, ni un autre animal, c'est une chrysalide. Le jour succède à la nuit et la nuit au jour, quatre fois.

Immobile, la chrysalide est suspendue à la plante, mais elle n'est pas morte. Un grand secret est à l'œuvre au-dedans d'elle. Sa peau se modifie et devient de jour en jour plus transparente.

À l'abri des regards, un miracle s'est accompli : la petite chenille s'est transformée en papillon, un grand porte-queue jaune et noir !

Par un chaud matin d'été, la chrysalide s'ouvre et le papillon s'arrache à la vieille peau. C'est un travail pénible. Le papillon était à l'étroit dans sa prison, replié comme une fleur dans son bouton.

Il était incapable de bouger. Maintenant, il a autant de place qu'il veut. Il commence à grimper. Mais pour voler, il doit attendre que ses ailes sèchent. Il les déploie au soleil et, peu à peu, les voici qui s'affermissent.

Maintenant, les ailes du papillon peuvent enfin le porter. Il les ouvre et les referme… les ouvre et les referme… et puis… soudain, il s'envole – droit vers le ciel!

Se métamorphoser en papillon: toutes les chenilles qu'on rencontre sont capables de ce miracle! Chacune le peut, à condition… oui, à condition que rien ne lui arrive en route. Il faut qu'elle ait de la chance, comme la petite chenille de cette histoire.

À propos de ce livre :

« Comment trouve-t-on l'idée d'un livre ? » me demandent souvent les enfants. La réponse n'est jamais la même, car chaque livre a son histoire.

L'idée de celui-ci était pour ainsi dire au milieu de la route. Un jour que je roulais à vélo, je vis soudain, comme pour la première fois, l'ombre des arbres sur la chaussée – et cette vision m'émerveilla. Les motifs changeants firent naître en moi toute une série d'envies de dessins. Quel décor plein de charme pour un livre !

Mais que pourrait-il se passer sur une route où jouent l'ombre et la lumière ?

Tout en pédalant, je me posais cette question, quand la réponse me fut donnée par une grosse chenille qui rampait sur l'asphalte. Je freinai juste à temps pour observer le petit animal, si fragile, qui se dirigeait vaillamment vers l'herbe de l'accotement. Et c'est alors que le poème de R.O. Wiemer : *« Aucune chance »,* me revint à l'esprit. À un moment difficile de ma vie, sa façon positive d'exprimer les choses m'avait fait beaucoup de bien.

Autre chose me vint à l'esprit. Quand mon fils Jan avait six ans, il m'avait dit un jour, d'un air songeur : « Ça doit être difficile, de vivre toute sa vie sans accident. »

De telles questions préoccupent les enfants. Que leur répondre ?

« Ce n'est jamais facile, mais il faut essayer » – comme la petite chenille l'a fait.

Irmgard Lucht

AUCUNE CHANCE

Aucune chance. Six mètres de goudron.
Vingt voitures par minute.
Cinq camions. Un semi-remorque. Une charrette.

La chenille ne sait rien des voitures.
Elle ignore la largeur de la bande de goudron.
Elle ne sait rien des piétons, des vélos ni des mobylettes.

La chenille sait seulement que, de l'autre côté,
il y a de l'herbe. Une herbe splendide, bonne à manger.
Elle aime l'herbe. Elle doit y aller.

Aucune chance. Six mètres de goudron.
Elle y va. Elle y va sur ses pattes minuscules.
Vingt voitures par minute.

Elle y va sans hâte. Sans peur. Sans réfléchir.
Cinq camions. Un semi-remorque. Une charrette.
Elle y va et va et va et va – et arrive.

R.O. Wiemer

Index:

Titre original: « Das Raupenabenteuer »

Loi n° 49 956 du 16 juillet 1949 sur les publications destinées à la jeunesse: mars 1997
Dépôt légal: mars 1997
Imprimé en CEE